Tapa blanda ISBN: 978-1-63731-750-1
Tapa dura ISBN: 978-1-63731-751-8

Bueno, compañeros pegamentos y yo,
Eso es lo que nos hacen
Por eso nos reunimos
y decidimos que teníamos ponernos huelga.

Decidimos caminar de puntitas hacia el montón de papel
Y coger uno de los bolígrafos del profesor.
Escribimos todas nuestras quejas en una carta
Que parecía no acabar nunca.

Nos aprietan las botellas por la mitad
Hasta que nuestro plástico está débil y desgastado.
Nos arrancan las etiquetas
Hasta que están rotas y en mal estado.

Se meten las puntas en la nariz
donde parece que encajan perfectamente,
¡No nos parece gracioso!
No, no, es no es usarnos correctamente.

Lo peor es cuando deciden comernos
Por nuestro olor y color.
Entendemos que a veces parecemos malvavisco
Ni siquiera tenemos el mismo olor.

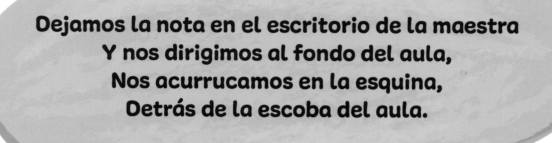

Dejamos la nota en el escritorio de la maestra
Y nos dirigimos al fondo del aula,
Nos acurrucamos en la esquina,
Detrás de la escoba del aula.

Los niños no se dieron cuenta al principio,
No hasta que llegaron a sus asientos.
Empezaron a trabajar sin nosotros - pegamentos,
Intentando agarrar sus documentos.

Pero entonces realmente necesitaban algo para pegar
Y las instrucciones pedían pegamento,
Así que nos buscaron por toda la clase,
Pero no tenían conocimiento.

"Niños, miren esto. Encontré una carta", dijo la profesora, mientras leía la nota en voz alta. Los niños escucharon atentamente Y no hizo ni un sonido.

Entonces, los alumnos cogieron papel y bolígrafo
Y nos contestaron como clase,
"Pegamento, prometemos no maltratarte más
Era solo una fase

Printed in the USA
CPSIA information can be obtained
at www.ICGtesting.com
LVHW062006271223
767459LV00007B/53